Naciendo Adentro y Naciendo Afuera

Escrito e Ilustrado por
Marnie Muller, MLA

Traducido por
Natalia Calle Eckerson

HeartWisdom
Publishers

NACIENDO ADENTRO Y NACIENDO AFUERA
Copyright © 2017 Marnie Muller, MLA

Serie Tu y el Universo®
Libros infantiles ilustrados para todas las edades

Traducción al Español por Natalia Calle Eckerson

Copyright © 2017
Naciendo Adentro y Naciendo Afuera por Marnie Muller, MLA
Título original: Borning In and Borning Out © 2017 Marnie Muller, MLA
Todos los textos, traducción al Español e ilustración Copyright © 2017 por Marnie Muller, MLA

Todos los derechos reservados. Ninguna parte de esta publicación puede ser utilizada, reproducida, almacenada o transmitida electrónicamente o de alguna otra manera sin permiso previo y por escrito del editor. HeartWisdom Publishers, P.O. Box 367, Leicester, NC 28748. HeartWisdomPublishers@gmail.com.

ISBN 978-0-692-63775-3
1. Todas las edades   2. Espiritualidad   3. Psicología   4. Cuerpo, Mente & Espíritu   5. Vida & Muerte

Diseño y dirección de arte por Susan L. Yost

Gracias a todos los que compartieron su sabiduría...

Érase una vez cuando
el portón del nacimiento se abrió...

y tú llegaste
naciendo adentro
de nuestro planeta Tierra

tú trajiste contigo

...dentro de ti...

Así que todo el universo viene contigo
...como una esencia dentro de ti

y el universo entero
...como una esencia dentro de ti...
toma todas tus experiencias
a lo largo de tu vida

...y las pone juntas
dentro de sí mismo.

Asombroso...

Sí, dentro de ti
   hay un lugar especial

donde tu corazón está flotando

y ese lugar especial
contiene todo lo que llevas contigo
en tu viaje
de alma y espíritu.

Asombroso...

Y mientras tú vives tu vida
...a través de todas tus aventuras
y desafíos...

estás en realidad
regresando al universo
todo lo que eres
y todo lo que haces.

Así que cuando estás

sorprendido por una mariposa

o

siguiendo a una abeja

o

trepando un árbol...

tus sentimientos y encuentros
son tus regalos al universo

Y porque sólo tú eres tu...
habrá momentos "ajá"
que sólo tú puedes experimentar
en tu propio camino...

y cada "ajá" se convierte en un regalo para el universo entero.

Asombroso...

¿Te has preguntado alguna vez cómo encajas en TODO lo que hay?

hmmmm

El universo puede parecer inmenso con sus estrellas y planetas y galaxias...

Tú, sin embargo, estás en medio de todo.

Tú estás en el mismo centro del universo desde donde quiera que estés

...y adentro de ti está
el corazón de todo cuanto hay,
Grande y pequeño.

Sólo tú puedes saludar al universo desde el lugar donde estás.

Sólo tú puedes cantar al universo la canción que viene de ese lugar especial dentro de ti.

Siendo consciente de todo esto
   y del lugar especial dentro de ti
donde tu corazón está flotando...

sabrás como se siente

ser tú dentro del universo

...y el universo dentro de ti.

Cada dia que despiertas disfrutarás el estar consciente de SER consciente...

y cada dia recordaras el camino de tu propia vida y su esencia.

Entonces, cuando es el momento de pasar a través del portón de retornar ...naciendo afuera...

TODO lo que has aprendido se junta en ese lugar especial que rodea tu corazón.

Ese lugar especial dentro de ti contiene todo lo que llevarás contigo en tu viaje de alma y espíritu.

Y a medida que te expandes...
aún más ampliamente en el Espíritu

compartirás con el universo
   todo lo que has aprendido...
y todo lo que has hecho.
   Asombroso...

Porque la sustancia del universo entero está contenida dentro de ti...

Viene del universo
    y se ha acumulado dentro
de ese lugar especial como la
    esencia de tu corazón

y ahora

comienza
a retornar...

regresa a su
hogar...

adentro del
universo...

una vez más...

www.ingramcontent.com/pod-product-compliance
Lightning Source LLC
Chambersburg PA
CBHW061817290426
44110CB00026B/2893